BEI GRIN MACHT SICH IHR WISSEN BEZAHLT

AF151763

- Wir veröffentlichen Ihre Hausarbeit,
  Bachelor- und Masterarbeit

- Ihr eigenes eBook und Buch -
  weltweit in allen wichtigen Shops

- Verdienen Sie an jedem Verkauf

Jetzt bei www.GRIN.com hochladen
und kostenlos publizieren

GRIN

Bibliografische Information der Deutschen Nationalbibliothek:

Die Deutsche Bibliothek verzeichnet diese Publikation in der Deutschen National-
bibliografie; detaillierte bibliografische Daten sind im Internet über http://dnb.d-
nb.de/ abrufbar.

Impressum:

Copyright © 2008 GRIN Verlag, Open Publishing GmbH
Druck und Bindung: Books on Demand GmbH, Norderstedt Germany
ISBN: 9783640581788

Dieses Buch bei GRIN:

http://www.grin.com/de/e-book/147368/bi-und-financial-reporting

Daniel Hack

BI und Financial Reporting

Relevanz und aktuelle Entwicklungen

GRIN Verlag

GRIN - Your knowledge has value

Der GRIN Verlag publiziert seit 1998 wissenschaftliche Arbeiten von Studenten, Hochschullehrern und anderen Akademikern als eBook und gedrucktes Buch. Die Verlagswebsite www.grin.com ist die ideale Plattform zur Veröffentlichung von Hausarbeiten, Abschlussarbeiten, wissenschaftlichen Aufsätzen, Dissertationen und Fachbüchern.

Besuchen Sie uns im Internet:

http://www.grin.com/

http://www.facebook.com/grincom

http://www.twitter.com/grin_com

BUSINESS INTELLIGENCE UND FINANCIAL REPORTING - RELEVANZ UND AKTUELLE ENTWICKLUNGEN

INTEGRATIONSSEMINAR
WIRTSCHFTSINFORMATIK / FINANZWIRTSCHAFT

Lehrstuhl für Allgemeine Betriebswirtschaftslehre und Wirtschaftsinformatik I, insbesondere Informationsmanagement

Thema: Thema Nr. 1 im Rahmen des Integrationsseminars in Wirtschaftsinformatik und Finanzwirtschaft

von: Daniel Hack

Inhaltsverzeichnis

Abkürzungsverzeichnis

BI	Business Intelligence
CEO	Chief Executive Officer (Vorstandsvorsitzender)
CFO	Chief Financial Officer (Finanzvorstand)
DWH	Data Warehouse
ETL	Extraction, Transformation, Load(ing)
HGB	Handelsgesetzbuch
IFRS	International Financial Reporting Standart
IT	Informationstechnologie
KonTraG	Gesetz Kontrolle und Transparenz im Unternehmensbereich
MIS	Management Information System
OLAP	On-Line Analytical Processing
SEC	United States Securities and Exchange Commission
SOX	Sarbanes-Oxley-Act
TCO	Total Cost Of Ownership
US-GAAP	US-Generally Accepted Accounting Principles

Abbildungsverzeichnis

1. Einleitung

Durch nationale und internationale gesetzliche Vorgaben, ständigen Druck des Ausbaus der Wettbewerbsfähigkeit und Senkung der Kosten wird Business Intelligence eine immer stärkere strategische Bedeutung bekommen. Exponentiell wachsende Datenbestände und immer rasantere Entscheidungsfindung verlangen noch bessere, weiterentwickelte und schnellere Reportingmöglichkeiten. Auf Grund der komplexen Datenstrukturen und unzähligen Verflechtungen sowie den immer höheren (gesetzlichen) Anforderungen an die IT, müssen BI-Projekte sehr sorgfältig geplant und umgesetzt werden[1].

Die nachfolgenden Ausführungen geben einen Überblick über die technischen Herausforderungen und legen dann den Zusammenhang von Business Intelligence am Beispiel der US-amerikanischen Gesetzgebung (Sarbanes-Oxley-Act) dar.

2. Theoretische und technische Grundlagen

2.1 Abgrenzung Business Intelligence

Das Begriffsgebilde Business Intelligence stammt ursprünglich aus dem angelsächsischen Raum und hat bis heute immer noch keine eindeutige in sich geschlossene Übersetzung ins Deutsche gefunden[2]. BI wurde im Jahr 1996 von der Gartner Group geprägt. „Datenanalysen, Berichtswesen und Abfragetools helfen Anwendern sich durch die betriebliche Datenflut durchzuarbeiten und daraus verwertbare Informationen herausziehen. Heutzutage fallen alle diese Werkzeuge (Tools) in die Kategorie Business Intelligence[3].

Kempers Versuch eine mögliche sinngemäße Übersetzung von Intelligence zu finden endete mit dem Begriff Information, „die es zu generieren, speichern, recherchieren, analysieren, interpretieren und zu verteilen gilt"[4]. Eine Annäherung an das Wort Business wird hier nicht vorgenommen. Im Folgenden wird für diese

---

[1] Vgl. Kunesch, U. (o.J.), Arbeitspapier T-Systems, Business Intelligence, S. 3
[2] Vgl. Chamony, Gluchowski (2008), MSS und BI
[3] Anandarajan (2004), S. 18 f
[4] Kemper (2004), S. 8

1

Seminararbeit Kempers Übersetzung und Definition angewendet.

„Unter Business Intelligence (BI) wird ein integrierter, unternehmensspezifischer, IT-basierter Gesamtansatz zur betrieblichen Entscheidungsunterstützung verstanden. BI-Werkzeuge dienen ausschließlich der Entwicklung von BI-Anwendungen. BI-Anwendungssysteme bilden Teilaspekte des Gesamtansatzes ab"[5]. Es sind drei verschiedene Ansichten von BI zu unterscheiden: Weites, analyseorientiertes und enges BI-Verständnis.

Das enge Verständnis BI stellen Anwendungen, z.b. OLAP-Operatoren wie Drill-Down (Aufschlüsselung eines aggregierten Wertes in seine Einzelteile[6]) und Dice (generieren eines kleineren multidimensionalen Datenwürfels [7]) dar. OLAP, als On-line Analytical Processing, ermöglicht eine sehr effiziente Datenverarbeitung aus großen multidimensionalen Datenbanken, z.B aus einem DWH (Data Warehouse). Ein DWH speichert und managt diese Daten, damit sie mit OLAP in strategisch wertvolle Daten transformiert werden. Mit Hilfe von OLAP werden komplexe Kalkulationen und Analysen für das Reporting realisiert[8].

Die BI-Werkzeuge sind herstellerspezifische Client-Lösungen, Excel-Add-Inns oder Browser-Erweiterungen.

Komponenten die zielgerichtete Analysen aus unterschiedlichen Datenquellen (interne und externe Daten) erstellen, umfassen das analyseorientierte BI-Verständnis[9]. Diese stellen z.B. Data Mining (softwaregestützte Analyse, bisher unbekannter Beziehungsmuste[10] und Trends aus einer sehr großen Datenmenge [11]) sowie Erstellungstools von Ad-hoc-Berichten und die darauf basierenden Anwendungen dar[12].

Das weite BI-Verständnis deckt die notwendigen ETL-Werkzeuge, Data Warehouse und das Standart-Reporting ab[13]. Unter ETL (Extraction, Transformation, Loading) wird der Umwandlungsprozess des Entzugs der Daten aus transaktionsorientierten

---

[5] Kemper (2004), S. 8
[6] Vgl. Kemper (2004), S. 97
[7] Vgl. Kemper (2004), S. 98
[8] Vgl. Katic, M. (1997), S. 27
[9] Vgl. Gluchowski(2008), S. 90
[10] Vgl. Chamoni (2006), S. 252
[11] Vgl. Hansen/Neumann (2001), S. 474
[12] Vgl. Jung/Winter (2000), S. 11
[13] Vgl. Krahl/Windheusser/Zick(1989), S. 11, Whitehorn/whitehorn(1999), S. 2

Fremd- und/oder Subsystemen, anschließende Umwandlung in eine BI-verständliche Semantik und zuletzt die Übertragung in das Datenhaltungssystem[14]. Mit Hilfe eines Schaubildes (vgl. Abb. 1) bildet Gluchowski auf der Ordinate die unterschiedlichen Phasen von der Datenauswertung bis zur Datenverarbeitung ab. Hingegen wird auf der Abszisse der fließende Übergang zwischen Technik und Anwendung dargestellt.

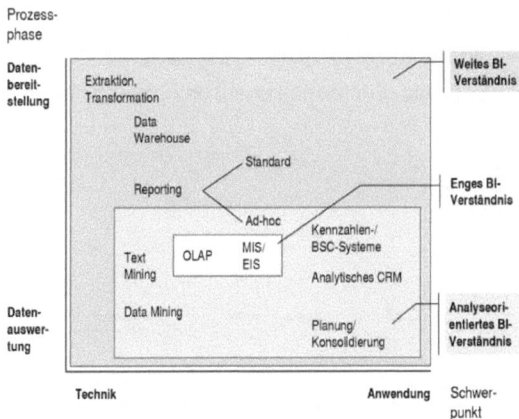

Abbildung 1 Business Intelligence Sichten [15]

Die Abbildung 1.1 gibt einen Gesamtüberblick über den Ordnungsrahmen des BI. Die operativen bzw. externe Daten durchlaufen den ETL-Prozess und gelangen dann transformiert in die Datenbereitstellung, wo sie dann konsistent und stimmig für weitere Analysen zur Verfügung stehen. Dort, in einem DWH, sind diese Daten themenbezogen und integriert abgelegt[16]. Themenbezogen bedeutet, dass Daten auf die Kerninteressen des Managements, z.B. bestimmte Gebiete und Produkte, ausgerichtet sind. Integrierte Daten sind Daten aus verschiedenen externen und internen Quellen, die inhaltlich widerspruchsfrei sind [17]. Ein DWH ist außerdem noch dadurch gekennzeichnet, dass die dort enthaltenen Daten sich auf einen Zeitraum beziehen, z.B. ein Quartal, ein Jahr. Diese Daten werden vom System

---

[14] Vgl. Untersuchung von RAAD Consult - Berichtswesen in SAP BW-Umgebungen: S. 6
[15] modifiziert übernommen aus Gluchowski 2001, S. 7
[16] Vgl. Kemper, H. G. (2004), S. 10fa
[17] Vgl. Kemper H.-G. (2004), S. 17f

nicht mehr verändert, damit sie auch in der Zukunft für Analysen genutzt werden können. Diese Konstanz der Daten wird Nicht-Volatilität gesprochen[18]. Ein DWH dient als Quelle komplexer Reportings und Analysen. In der mittleren Schicht des Ordnungsrahmens können verschiedene Systeme identifiziert werden, die sich danach unterscheiden, welche Benutzerrechte, IT-Erfahrung, Nutzungshäufigkeit und der Form der Nutzungsinitierung der Mitarbeiter besitzt. Aus dieser Schicht werden die Informationen gespeichert und an weitere Komponenten des Systems distribuiert, z.B Integration der Informationen bzw. Daten in das Wissensmanagementsystem. Der Zugang des Benutzers zum BI-Portal erfolgt z.B über das Firmen-Intranet, das verschiedene Analysesysteme bereitstellt[19].

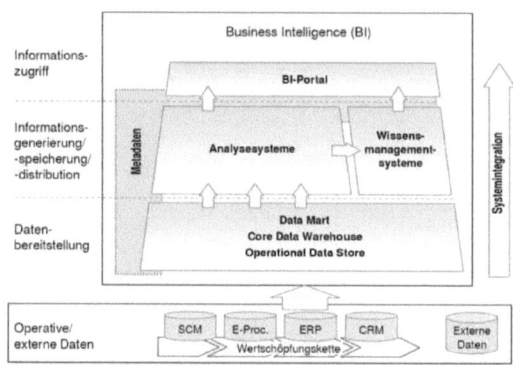

Abbildung 1.1 Datenbereitstellung, Informationsgenerierung, Informationszugriff [20]

2.2 Abgrenzung des Financial Reporting

Es gibt markante Unterschiede zwischen Unternehmen, die nach HGB oder nach IFRS bilanzieren hinsichtlich der Kernaufgaben des Controllings und Reportings. Im Rahmen dieser Arbeit sind jedoch die Unterschiede zwischen den zugrundeliegenden Daten von Bedeutung. Die Anpassung der Daten des externen Rechnungswesens an jene des internen Controllings, sind bei Unternehmen, die

[18] Vgl. Kemper H.-G. (2004), S. 18f
[19] Vgl. Kemper H.-G. (2004), S. 11
[20] Vgl. Kemper, H.-G., Unger, C. (2000), BI

IFRS (International Financial Reporting Standards) bzw. US-GAAP (US-Generally Accepted Accounting Principals) anwenden geringer, als bei denen, die nach HGB bilanzieren. Dies hat den Hintergrund, dass eine Harmonisierung von internem und externem Rechnungswesen häufiger stattfindet.

Generell besteht der Trend, internes Controlling und Reporting mit der externen Berichterstattung zu harmonisieren[21].

Die internationalen Rechnungslegungsstandards erfordern ein Umdenken der Unternehmen im Systemkreis der externen Unternehmungsrechnung und Bilanzierung. Zu begründen ist das mit dem hohen Informationsbedürfnis der Shareholder bezüglich ihrer Entscheidungsnützlichkeit (decision usefullness)[22]. Es bestehen Publikationsvorschriften nach IFRS über Daten, die nicht generiert oder erhoben werden können. IFRS-Regelungen weisen jedoch Unternehmen auf ihre Informations- und Erhebungsdefizite hin.

Die internationalen Rechnungslegungsstandards stellen ihre Anforderungen an die interne Unternehmensrechnung durch das quantitative Instrumentarium (Unternehmensplanung, Kostenrechnung, Reporting), durch Normierung der Berichtspflichten und des Datenausweises, die die Verfügbarkeit dieser Daten voraussetzen[23].

3. Notwendigkeit einer integrierten Systemarchitektur im Reporting

BI erzeugte Aggregationen und analytische Daten enthalten oft Informationen, die der Geheimhaltung unterliegen. Dies stellt neue Herausforderungen für BI im Bezug des Datenschutzes und Sicherheit dar.

Das zentrale Thema in diesem Kontext ist die Einhaltung der gesetzlichen Vorschriften. Um den Anforderungen, z.B. für Sarbanes-Oxley-Act (im Folgenden SOX) und/oder für BASEL II, gerecht zu werden, brauchen Unternehmen eine unternehmensweite integrierte Datensicherheit, Buchungskontrolle und eine bessere Datenqualität[24].

---

[21] Vgl. Dorfer, A, Gaber, T.: empirische Studie S. 6ff
[22] Vgl. Wagenhofer, Alfred: S. 117
[23] Vgl. Wagenhofer, A (2006), S. 4
[24] Vgl. Bräuer, H., Bereszewski M. (2007), Informationsweek, Siehe URL

Laut einer Studie von der Universität Graz besitzen ungefähr ein Viertel der Unternehmen, die nach HGB bilanzieren, zwei getrennte Informationssysteme für die interne und externe Unternehmensrechnung. Das bringt erheblichen Kommunikations- und Abstimmungsaufwand mit sich und verursacht Kosten. Für diejenigen Unternehmen, die IAS (International Accounting Standarts) anwenden, ist die Harmonisierung der Daten um 86% weiter fortgeschritten[25].

BI und Data Warehousing sind folglich geeignete Instrumente, um die Zuverlässigkeit und Vertrauenswürdigkeit von Informationsquellen zu analysieren und zu optimieren [26]. Auf der operativen Ebene bedeutet dies, dass Geschäftsprozesse gemäß den Geschäftsregeln (Business Rules) eindeutig definiert werden müssen.

Die Grundlage für die Rechnungslegung wird von den Daten gebildet, die bei der Ausführung der Geschäftsprozesse entstehen sowie durch die von IT-Systemen generierten Daten[27].

Die Notwendigkeit und Relevanz von BI bzw. Data Warehouse wird im Rahmen dieser Arbeit am Beispiel der Verschärfung der US-amerikanischen Gesetzgebung, des SOX, dargestellt.

4. Relevanz, Aufgaben und Ziele von BI am Beispiel des SOX

Der Corporate Governance Kodex ist in den vergangen Jahren aufgrund negativer Entwicklungen aus der Sicht der Shareholder und der Gesamtwirtschaft immer mehr zum Kerngebiet der Unternehmensführung geworden. Dieser Kodex ist eingeführt worden, um das Vertrauen in die Vorstände deutscher Unternehmen zu stärken, indem die Gesetze für Unternehmensleitung und −überwachung transparent gemacht werden[28].

---

[25] Vgl. Dorfer, A, Gaber, T.: empirische Studie S. 22
[26] Vgl. Knolmayer, G., Wermelinger (2006), S. 1, Arbeitsbericht siehe URL
[27] Vgl. Knolmayer / Herbst (1993); Herbst / Knolmayer (1995); Klaus (2005), S. 1
[28] Vgl. Regierungskommission Corporate Governanace Kodex, URL siehe Litaraturverzeichnis

Verschiedene Institutionen, wie z.B. Gesetzgeber und Aufsichtsgremien versuchen die Corporate Governance zu optimieren. SOX ist das umstrittenste Gesetz der Corporate Governance.

Der SOX hat das Ziel, Aktionärsinteressen besser zu schützen, indem er ermöglicht, bereits vorhandene Vorschriften zu ändern oder zu ergänzen. SOX ist für alle Unternehmen anzuwenden, deren Wertpapiere an einer der SEC (United States Securities and Exchange Commission; US-amerikanische Börsenaufsicht) unterstehenden Börse gehandelt werden. Für Unternehmen außerhalb der USA ist SOX ebenfalls anzuwenden, wenn

a) ihre Wertpapiere an der US-Börse notiert sind und
b) sie wesentliche Tochtergesellschaften an einer US-Börse

gehandelten Gesellschaft sind[29].

Der SOX fordert von Unternehmen eine Darlegungspflicht gegenüber seiner Prüfungsgesellschaft, mit welchen Kontrollen die Qualität der Rechnungslegung sichergestellt wird. Durch diese Pflicht gebunden, muss sich das interne Kontrollsystem an einer dafür geeigneten Architektur orientieren[30], das jedoch von Unternehmen zu Unternehmen verschieden sein kann.

Im Abschnitt 302 der SOX wird vom Vorstandsvorsitzenden (CEO) und Finanzvorstand (CFO) die Richtigkeit und Vollständigkeit (Corporate Responsibility for Financial Reports) der veröffentlichten Geschäftsberichte gefordert. Um das Management mit für die Rechnungslegung relevanten Informationen zu versorgen, muss ein Offenlegungskomitee (Disclosure Committee) eingerichtet und Kontrollen und Verfahren, zur genauen Offenlegung von Finanzinformationen („Disclosure Controls and Procedures"), implementiert werden. Nur so ist der Abschnitt 302 von den Vorständen zu gewährleisten.

Der für die Rechnungslegung relevante Informationsfluss muss klar abgegrenzt und die Fehleranfälligkeit durch Überprüfungen sichergestellt werden[31]. Daraus

---

[29] Vgl. IT Management (2006), S. 33
[30] Vgl. Knolmayer, G., Wermelinger (2006), Arbeitsbericht siehe URL
[31] Vgl. Spitters (2004), S. 22

ergeben sich genau definierte Prüfpunkte, die durch den Abschnitt 404 kontrolliert werden können[32].

Durch die gestellten Anforderungen entstehen für die IT neue Herausforderungen, die sie zu bewältigen hat. Die benötigten internen Daten müssen in verschiedenen Formaten und Zeitskalen gesammelt, analysiert und gemeldet werden. Es ist naheliegend, ‚dass die Prozesse zum Erstellen von Berichten erheblich vereinfacht werden, wenn diese Daten in Business Intelligence Architekturen vorhanden sind. Wenn die für das unternehmensweite Berichtswesen benötigten Daten aus einer zentralen Datenquelle hervorgehen, werden alle Berichte miteinander konsistent sein[33]. Das bedeutet im Idealfall, dass z.b. Berichte nicht voneinander abweichen. Dies ist im Sinne der CEOs und CFOs zu werten.

Die SOX-Richtlinien stellen also hohe Hürden für die IT-Architektur dar.

Einige Beispiele der Anforderungen sind:

- eine interne Kontrolle über das finanzielle Reporting muss stattfinden können
- Offenlegungskontrollen in Echtzeit
- ein selbstständiges Sicherheitssystem
- Überprüfung der Richtigkeit der Daten[34]

Realisiert wird das am Beispiel des IBM Banking Data Warehouse in Abbildung 2, die schematisch dargestellt, aus welchen Quellen die Daten stammen und welchen Gesetzesnormen sie korrespondieren.

Hierbei handelt es sich um eine Business Intelligence Infrastruktur über einen oder mehrere Geschäftsbereiche mit verschiedenen analytischen Funktionen.

---

[32] Vgl. IT Management (2006), S. 34
[33] Vgl. IBM Banking Data Warehouse and the Sarbanes-Oxley Act (2006), siehe URL
[34] Vgl. ITSecCity (2005), siehe URL

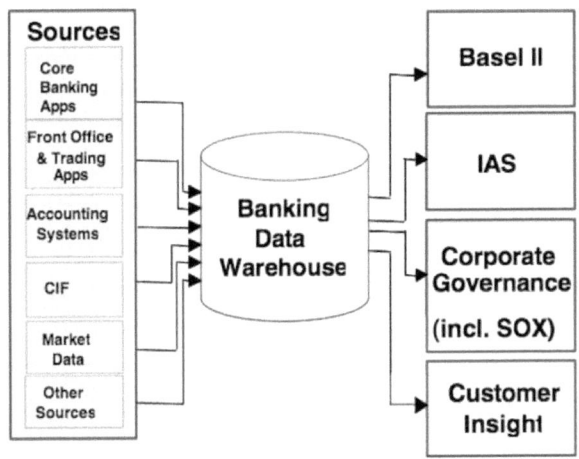

Abbildung 2 IBM Banking Data Warehouse[35]

5. Herausforderungen und Grenzen

Unternehmen stehen vor großen IT-basierten und gesetzlichen Herausforderungen bei der Umsetzung und Einhaltung des SOX. Es bestehen steigende Anforderungen an die Ausgestaltung unternehmensweiten internen Kontrollsysteme. Durch eine optimale Systemintegration wird eine Erhöhung der Transparenz der Finanzberichterstattung und eine Senkung der TCO (Total Cost Of Ownership) erreicht[36], also die Gesamtkosten, die während des Lebenszykluses anfallen[37]

Durch integrierte Systemlandschaften sind Unternehmen in der Lage neue Wettbewerbsvorteile zu generieren, indem sie ihre Risiken schneller erkennen und diese nachhaltig und innovativ behandeln.

Diese Integration ist jedoch mit großen Risiken verbunden. So birgt der Datenaustausch innerhalb der BI-Gefahren in den Bereichen Sicherheit,

---

[35] Vgl. IBM Banking DWH, S. 5, siehe URL
[36] Vgl. Wildhaber Consulting (2004): Forum und Workshop, siehe URL
[37] Vgl. Laudon, K., Laudon, J., Schoder, D. (2006), S. 428

Compliance und Datenschutz. In der Praxis hat die Unternehmenskultur ebenfalls Einfluss auf die BI-Architektur, da Mitarbeiter nun ihre Daten vor internen und externen Konkurrenten schützen wollen und dadurch entstehen oft „Kleinkriege" zwischen Kollegen oder Geschäftspartnern entstehen[38]. Das aufsetzten eines solchen Systems ist immer mit größeren Investitionen verbunden. Wegen der SOX-verursachten Kosten, die durch die IT entstehen, ist es für Unternehmen schwieriger den Gang an die Börse zu wagen, da dies Opportunitätskosten verursacht. Diese Kosten entstehen durch die Verzögerung des Börsengangs, in Folge der zu erfüllenden Richtlinien.

Zusetzliche Kosten entstehen nach der Einführung der SOX durch den erhöhten Zeitaufwand der Abschlussprüfer.

6. Aktuelle Entwicklungen und Trends

BI stellt eine Chance dar, Zielerreichung besser zu steuern und damit Effizienzsteigerungen zu erreichen. Es ist zu erwarten, dass sich eine solche Entwicklung monetär bemerkbar macht. Diese Tatsache wird den BI-Markt antreiben – trotz der Schwierigkeiten bei der Implementierung solcher Lösungen. Auf Grund dessen, dass es keine „schnelle Lösung" gibt, ist ein enges Zusammenarbeiten von Management und IT erforderlich. Eine verbesserte Steuerung der Aktivitäten wird durch mehrstufige Datensammlung, Validierung, Zusammenfassung zu Kennzahlen und Analyse erreicht.

Dadurch, dass es mit den klassischen Instrumenten der Rationalisierung nicht möglich ist Leistungsverbesserungen zu erzielen, kann von einem Wachstum des Gesamtmarktes des BI ausgegangen werden. Jeder Teilprozess in Unternehmen sorgt aufgrund der Digitalisierung für eine Flut neu verfügbarer Daten. Dies hat zur Folge, dass für Analyseergebnisse immer mehr Mitarbeitern zur Verfügung stehen, um Entscheidungen zu vereinfachen und die Informationssuche zu verkürzen.

Einflussfaktoren auf das Wachstum des Marktes sind unter anderem ein wachsender Druck auf die CIOs bezüglich neuer Investitionen in Technologien und die steigenden rechtlichen Anforderungen. Darüber hinaus müssen Unternehmen mit immer größeren Informationsmengen auskommen. Wenn sehr viele genauere

---

[38] Vgl. Bräuer H., Bereszewski, M. aus der Informaitionweek (11/2007), siehe URL

Entscheidungsgrundlagen gefordert werden, sind BI-Plattformen in der Lage Informationen in wertvolle Ressourcen umzuwandeln. Um dies zu verwirklichen sind Entwicklungen der Such- und Abfragemodelle (und noch mehr darüber hinaus) notwendig. Als ein entscheidender Treiber sieht Gartner Group die Verdichtung in Scorecards und andere Arten der Ergebnisvisualisierung[39].

Eine Senkung der Kosten erlaubt der Einsatz von Internettechnolgie, welcher Vorteile für Entwickler und Betreiber verspricht. Aktuelle Entwicklungen zeigen, dass Softwareanbieter auch Funktionen für die Berichterstellung und Administration über ein Internetbrowser anbieten. Die Installation von Software auf Anwenderrechner wird überflüssig und die Kontrolle über das Management der Benutzerrechte und Datenbereitstellung wird erheblich vereinfacht. Somit profitieren Mitarbeiter und Unternehmen von der Rechner-Unabhängigkeit, indem sie von jedem Gerät aus der Zugriff auf integrierte Unternehmensdaten erhalten[40].

Durch das Internet ist ein großer Anstieg heterogener Informationsquellen zu verzeichnen. Der Anteil der unstrukturierten Informationen, wie z.B. Video-, Audio-Dateien, E-Mails oder RFID ist exponentiell. Dies hat zur Folge, dass immer größere Inkonsistenzen und immer größeren Anforderungen an die Hardware gestellt werden, was zu Zeitverlusten in den Abfragen führt. „Eine integrierte BI-Lösung muss deshalb das Informationsmanagement, die Informationserzeugung und die immer wichtigere Informationsverteilung gleichermaßen unterstützen"[41].

---

[39] Vgl. Richardson, J., Schlegel, K., Hostmann, B., McMurchy, N. (2008): Prognosen zum BI-Markt, siehe URL
[40] Vgl. Bange, C., Keller, P. (2008), Trends für unternehmensweite Business Intelligence, siehe URL
[41] Vgl. Weiss, R. (2007), Die Zukunft der Business Intelligence, siehe URL

7. Fazit

Bei BI ist das Ziel Wirkungszusammenhänge und Mechanismen, die für das eigene Geschäft relevant sind, durch schon vorhandene Daten möglichst schnell zu eruieren und noch besser zu, verstehen. Unternehmensrelevante Informationen sollen im besten Fall in Echtzeit oder zeitnah, in geeigneter Form und Qualität zur Verfügung stehen. Anwender müssen einfach und schnell auf die Informationen zugreifen können und gleichzeitig müssen Daten vor unbefugten Zugriff geschützt werden. Wird das alles optimal umgesetzt, kann BI im operativen und strategischen Geschäft viel zum Unternehmenserfolg beitragen. Laut einer Umfrage befinden sich ca. 85 % der Informationen eines Unternehmens in schwach- bzw. unstrukturierter Form. Daher müssen die unterschiedlichen Konzepte und Systeme stärker miteinander verbunden werden und die Analyse der strukturierten und unstrukturierten Daten bewältigt werden.

Nur die Unternehmen, denen es gelingt die wichtigsten Geschäftsdaten zu identifizieren und sie entsprechend zu verarbeiten und Trends frühzeitig zu erkennen, werden langfristig dem steigenden Wettbewerb standhalten. Wesentlich dabei sind innovative Strategien, Konzepte und Technologien, die es ermöglichen, relevante Informationen sicher, orts-, format- und quellenunabhängig bereitzustellen, um schnell die richtigen Entscheidungen zu treffen[42].

---

[42] Vgl. Kunesch, U. (o.J.), Arbeitspapier T-Systems, Business Intelligence, S. 13

8. Literaturverzeichnis

Anandarajan, M., Anandarajan, A. and Srinivasan, C. A. (2004) Business
     Intelligence Techniques: A Perspective from Accounting and
     Finance, Springer, Berlin 2004

Bange, C., Keller, P. (2008), BARC, Trends für unternehmensweite Business
     Intelligence, abrufbar unter:
     http://www.erpmanager.de/magazin/artikel_1689_unternehmen
     sweite_business_intelligence.html, Zugriff am 29.05.2008

Bräuer, H., Bereszewski M. (2007), Informationsweek, abrufbar unter:
     http://www.informationweek.de/trends/showArticle.jhtml?articleI
     D=203101487&printable=true, Zugriff am 28.05.2008

Brinkbäumer, G., Niehörster, N.(2003), Berichtswesen in SAP-Umgebungen in:
     Eine Untersuchung von RAAD, 2003

Chamony P., Gluchowski, P. (2004), Business Information Warehouse –
     Perspektiven betrieblicher Informationsversorgung und
     Entscheidungsunterstützung auf Basis, 2004

Chamony, P., Gluchowski P. (Analyt. Informationssysteme), Analytische
     Informationssysteme – BI-Technologien und Anwendungen
     2008

Sarbanes-Oxley-Act (2002), http://www.law.uc.edu/CCL/SOact/soact.pdf,
     Zugriff am 27.05.2008

Dorfer, A., Gaber, T. (IFRS), Controlling und Reporting vor dem Hintergrund
     der Anforderungen von int. Rechnungslegungsstandarts – eine
     emp. Studie des Center for Accounting Research der
     Universität Graz in Kooperation mit KPMG Linz 2006

Gluchowski, P., Gabriel, R., Dittmar, C., Management Support Systeme und
     Business Intelligence Computergestützte Informationssysteme
     für Fach- und Führungskräfte, Berlin 2008

Gluchowski, P. (1998), Werkzeuge zur Implementierung des betrieblichen
     Berichtswesens, in: WISU, 1998, 10, S. 1174-1188 (von der BII-
     SAP BW)

Gluchowski, P. (2001), Business Intelligence in: HMD – Praxis der
     Wirtschaftsinformatik, 38. Jg., 2001, Nr. 222, S. 5 – 15

Jung, R., Winter, R. (2000), Data Warehousing 2000. Methoden, Anwendungen,
     Strategien

Gröhl, B. (Kontrolle), Wer kontrolliert wen, in: IT Management, 11, 2006, S. 33f

Hansen, R., Neumann, G. (Wirtschaftsinformatik), Wirtschaftsinformatik 1,
    Grundlagen und Anwendungen, 8. Auflage, Stuttgart 2001

Herbst, Holger / Knolmayer, Gerhard (1995): Ansätze zur Klassifikation von
    Geschäftsregeln; in: Wirtschaftsinformatik,
    37. Jg. (1995), S. 149 – 159

IT SecCity (2005) Autor unbekannt, abrufbar unter:
    http://www.itseccity.de/?url=/content/produkte/hintergrund/0506
    09_pro_hin_winterhellersoftware.html, Zugriff am 30.05.2008

IBM Banking Data Warehouse and the Sarbanes-Oxley Act Whitepaper
    http://i.i.com.com/cnwk.1d/html/itp/IBM_BDW_and_SOX.pdf,
    Zugriff am 25.05.2008

Katic, M. (OLAP-Datenbanken), Diplomarbeit, Ein Metadaten-basiertes
    Sicherheitsmodell für OLAP-Datenbanken, abrufbar unter:
    wit.tuwien.ac.at/people/ stolba/documents/Diplomarbeit_000.pdf,
    Wien 1997

Kemper, H.-G., Mayer, R. (BI in der Praxis), BI in der Praxis Erfolgreiche
    Lösungen für Controlling, Vertrieb und Marketing 2002

Kunesch, U. (o.J.), T-Systems Business Services GmbH, Arbeitsblatt Business
    Intelligence – Schnell und transparent zu optimierten
    Entscheidungen

Knolmayer, G., Wermelinger, T (Sabanes Oxley Act), Der Sarbanes-Oxley Act
    und seine Auswirkungen auf die Gestaltung von
    Informationssystemen, Whitepaper unter:
    www.ie.iwi.unibe.ch/publikationen/berichte/resource/WP-
    179.pdf, Zugriff am 26.05.2008

Knolmayer, Gerhard / Herbst, Holger (1993), Business Rules; in:
    Wirtschaftsinformatik, 35. Jg. (1993), S. 386 – 390

Krahl, D., Zick, F.-K., Windheuser, U. (1998), Data Mining. Einsatz in der
    Praxis

Whitehorn, M., Whitehorn, M. (1999), Businesss Intelligence: The IBM Solution

Laudon, K., Laudon, J., Schoder, D. (2006), Wirtschaftsinformatik – Eine
    Einführung, 2006

Regierungskommission Corporate Governance, http://www.corporate-
    governance-code.de/index.html, Zugriff am 28.05.2008
    von SAP-Systemen, Berlin 2004

Spitters, T. (2004): Internal Controls and the Sarbanes-Oxley Act, abrufbar unter: thebusinessweb.net/docs/Internal_ Controls_and_the_SOA-June_2004.pdf, Zugriff am 25.05.2008

Richardson, J., Schlegel, K., Hostmann, B., McMurchy, N. (2008): Prognosen zum BI-Markt, abrufbar unter: http://mediaproducts.gartner.com/reprints/microsoft/vol7/article3/article3.html, Zugriff am 29.05.2008

Wagenhofer, A. (2005), Internationale Rechnungslegungsstandards – IAS/IFRS
5. Auflage, Frankfurt 2005, S. 117

Wagenhofer, A. (2006), Zusammenwirken von Controlling und Rechnungslegung nach IFRS, in Wagenhofer, A. (Hrsg.): Controlling und IFRS-Rechnungslegung, Berlin 2006

Weiss, R. (2007), Artikel in der Infoweek, Die Zukunft der Business Intelligence, abrufbar unter: http://www.infoweek.ch/archive/ar_single.cfm?ar_id=18714&ar_subid=5&sid=0, Zugriff am 30.05.2008

Wildhaber Consulting (2004): Forum und Workshop – „Sarbanes-Oxley Act – Auswirkungen verstehen und meistern", Universität St. Gallen, abrufbar unter: www.wildhaber.com/english/files/SOX%20Grundlagenartikel.pdf